To the Reader . . .

The books in this series include Hispanics from the United States, Spain, and Latin America, as well as from other countries. Just as your parents and teachers play an important role in your life today, the people in these books have been important in shaping the world in which you live today. Many of these Hispanics lived long ago and far away. They discovered new lands, built settlements, fought for freedom, made laws, wrote books, and produced great works of art. All of these contributions were a part of the development of the United States and its rich and varied cultural heritage.

These Hispanics had one thing in common. They had goals, and they did whatever was necessary to achieve those goals, often against great odds. What we see in these people are dedicated, energetic men and women who had the ability to change the world to make it a better place. They can be your role models. Enjoy these books and learn from their examples.

Frank de Varona
General Consulting Editor

General Consulting Editor
Frank de Varona
Associate Superintendent
Bureau of Education
Dade County, Florida, Public Schools

Consultant and Translator
Alma Flor Ada
Professor of Education
University of San Francisco

Editorial
Barbara J. Behm, Project Editor
Judith Smart, Editor-in-Chief

Art/Production
Suzanne Beck, Art Director
Carole Kramer, Designer
Eileen Rickey, Typesetter
Andrew Rupniewski, Production Manager

Copyright © 1991 Steck-Vaughn Company

Library of Congress number: 89-38766

Library of Congress Cataloging in Publication Data

Codye, Corinn
  Vilma Martinez.
  (Raintree Hispanic stories)
  English and Spanish.
  Summary: Examines the life of the lawyer who has won many landmark civil rights cases.
  1. Martinez, Vilma—Juvenile literature. 2. Women lawyers—United States—Biography—Juvenile literature. 3. Civil rights—United States—Juvenile literature. [1. Martinez, Vilma. 2. Lawyers. 3. Civil rights workers. 4. Spanish language materials—Bilingual.] I. Title. II. Series.
  KF373.M2955C63   1989   342.73'085'092   [347.30285092]
  [B]   [92]   89-38766

ISBN 0-8172-3382-2   hardcover library binding
ISBN 0-8114-6762-7   softcover binding

    4 5 6 7 8 9 0   96 95 94 93 92

VILMA MARTINEZ

Corinn Codye

Illustrated by Susi Kilgore

**RAINTREE
STECK-VAUGHN**
L I B R A R Y
A Division of Steck-Vaughn Company

How can they keep us from using the park? It is just wrong!" Vilma Martinez's thoughts were angry, and she was disappointed. She and the other children of a poor San Antonio, Texas, neighborhood had looked forward for weeks to a church group trip to a certain park in New Braunfels, Texas. When the trip was called off, Vilma wanted to know why. Again and again she asked the priest, "But *why* can't we go to the park?"

Finally, he gave in. "Mexican-Americans are not allowed to use the park," he explained. Vilma, suddenly silent, was shocked and hurt. This kind of custom did not make sense to her. She did not know then that she would spend much of her life fighting against unfair treatment of people like herself.

¿Cómo pueden impedirnos ir al parque? ¡No está bien!" pensaba Vilma Martínez, enojada. Estaba desilusionada. Ella y otros niños de un barrio pobre de San Antonio, Texas, habían esperado por varias semanas para ir en una excursión organizada por una iglesia, a cierto parque en New Braunfels, Texas. Cuando se canceló el viaje, Vilma quería saber por qué. Una y otra vez le preguntaba al sacerdote, "Pero, ¿ *por qué* no podemos ir al parque?"

Por fin, él tuvo que contestarle. "No permiten a mexicanos-americanos en el parque," le explicó. Vilma se quedó callada. Se sentía sorprendida y dolida. Ese tipo de costumbre no tenía sentido para ella. No se imaginaba entonces que se pasaría gran parte de la vida luchando para que no se les dé un trato injusto a personas como ella.

Vilma Martinez was born on October 17, 1943, the oldest of five children. Her mother was from Texas, and her father was from Mexico. They spoke Spanish at home to honor Vilma's grandmother, who spoke no English. As the oldest child, Vilma was expected to clean house and take care of her younger sisters and brothers much of the time. Vilma was very close to her grandmother, who taught Vilma to read and write Spanish. When Vilma was a young teenager, her grandmother made her learn how to shop and do other things on her own. In this way, Vilma learned to think for herself.

Vilma Martínez, la mayor de cinco hermanos, nació el 17 de octubre de 1943. Su madre era de Texas y su padre, de México. Hablaban español en casa en honor de la abuelita de Vilma, que no hablaba inglés. Como era la mayor de los hermanos, Vilma ayudaba a limpiar la casa y a cuidar a sus hermanitos gran parte del tiempo. Vilma quería mucho a su abuelita, que le enseñó a leer y a escribir en español. Cuando Vilma fue un poco más grande, su abuelita le enseñó a hacer las compras sola y otras tareas. Así Vilma aprendió a pensar por sí misma.

Vilma loved to read and to study. She had straight A's in grade school. Vilma wanted to go to the high school where the other top students would attend. Mexican-American children were expected to go to a different high school than the other children, a school that prepared them for mostly low-paying jobs rather than for college. Vilma's junior high counselor called Vilma into her office. "Vilma," she said, "you will be more comfortable at the same school with the other Mexican-American children."

"But I don't want to be comfortable," answered Vilma. "I want to go to college." Her next words surprised even her. "Please send my records to Jefferson High School immediately because I am going to show up there next fall!"

A Vilma le encantaba leer y estudiar. En la escuela primaria siempre sacaba las mejores notas. Vilma quería ir a la escuela secundaria a la que irían los otros buenos alumnos. Los niños mexicanos-americanos iban a una escuela secundaria diferente, una escuela que los preparaba más que nada para trabajar en oficios poco remunerados y no para ir a la universidad. La consejera de Vilma en la escuela intermedia la llamó a su oficina. "Vilma," le dijo, "vas a estar más a gusto si vas a la misma escuela con los otros niños mexicanos-americanos."

"Pero yo no quiero estar a gusto," contestó Vilma. "Lo que quiero es ir a la universidad." Sus próximas palabras la sorprendieron a ella misma. "¡Por favor, envíe mis documentos a Jefferson High School inmediatamente porque voy a ir allí el próximo otoño!"

Vilma did well at Jefferson High School. One teacher, Mrs. Godfrey, encouraged young girls to choose high goals for themselves. Vilma heard other students talking about becoming lawyers or doctors or teachers. Vilma thought, "I'm just as smart as they are. I can do that, too." When she was fifteen, Vilma worked for a lawyer in San Antonio. She liked what he was able to do to help people. She began to think about becoming a lawyer.

However, Vilma was at times still treated differently because she was a Mexican-American. Certain teachers did not seem to enjoy seeing her do well. Even her own counselor did not encourage her or help answer her questions about how to apply for college. Vilma finally had to act on her own. Other students had said the University of Texas was a good college. Vilma wrote there, asking how to apply. Her application was accepted.

A Vilma le fue bien en Jefferson High School. Una de las maestras, la Sra. Godfrey, animaba a las chicas jóvenes a proponerse alcanzar metas altas. Vilma oía a otros estudiantes hablando de llegar a ser abogados, doctores o maestros. Vilma pensó, "Yo soy tan lista como ellos. Puedo hacer lo mismo." Cuando tenía quince años, Vilma trabajó en la oficina de un abogado de San Antonio. Le gustaba lo que él podía hacer para ayudar a la gente. Empezó a pensar en hacerse abogado.

Sin embargo, todavía en algunas ocasiones Vilma recibía un trato diferente por ser mexicana-americana. A algunos maestros no les agradaba verla triunfar. Su propio consejero no la estimuló ni la ayudó a encontrar respuestas a sus preguntas sobre cómo postular a la universidad. Vilma finalmente tuvo que actuar por cuenta propia. Otros alumnos habían dicho que la Universidad de Texas era una buena universidad. Vilma escribió allí, preguntando cómo postular. Su aplicación fue aceptada.

Vilma continued to have to prove herself to others around her. At her first college interview, Vilma showed her straight A's from high school and said she intended to go to law school. The counselor said, "Don't get your hopes up. You will have to continue to get very good grades!"

Vilma also fought with her father about her education. He told her she would never make it. He told her she would just get married and have children. Finally, she decided to prove to him that she could get a college degree. While most people take four years to finish college, Vilma Martinez finished in just two-and-a-half years. She also worked twenty hours a week at a job, paying her own way. When she graduated, she gave her diploma to her father. She said, "I don't ever want you to tell me that I cannot make it!" At last, he admitted that she could succeed.

Vilma tuvo que continuar probándole a otras personas cuánto valía. En su primera entrevista en la universidad, Vilma mostró sus calificaciones sobresalientes de la escuela secundaria y dijo que quería estudiar leyes. La persona encargada de aconsejarla le dijo, "No te hagas grandes esperanzas. ¡Tendrás que seguirte sacando buenas notas!"

Vilma también tuvo que pelear con su padre sobre su educación. Él le dijo que nunca alcanzaría lo que se proponía. Le dijo que sólo se casaría y tendría hijos. Finalmente, ella decidió probarle que sí podía obtener un título universitario. Mientras que a la mayoría de las personas les toma cuatro años terminar la universidad, Vilma la completó en sólo dos años y medio. Al mismo tiempo trabajaba veinte horas a la semana, para pagarse los estudios. Cuando se graduó le dio el título a su padre. Le dijo, "¡No quiero que me vuelvas a decir que no puedo hacerlo!" Por fin, él admitió que ella podía triunfar.

Martinez attended Columbia Law School in New York City and earned her law degree in 1967. She was one of only 20 women in her class of 300 young lawyers. Martinez was interested in civil rights work. She wanted to change the laws that discriminated against minority groups such as Mexican-Americans, African-Americans, and women. She had felt discrimination all her life. Now that she was a lawyer, she could help do something about it. She worked for the National Association for the Advancement of Colored People (NAACP) Legal Defense Fund, a group that helps protect the rights of African-Americans. One day some lawyers from Texas visited the office. They wanted to start a group to protect the rights of Mexican-Americans. Martinez immediately became interested in helping that group get started. The Mexican-American Legal Defense and Educational Fund (MALDEF) was to play an important part in her future.

Vilma Martínez asistió a la Facultad de Leyes de la Universidad de Columbia en la cíudad de Nueva York y obtuvo su titulo de abogado en 1967. En su clase de 300 jóvenes abogados, ella era una de las únicas 20 mujeres. Vilma Martínez estaba interesada en la lucha por los derechos civiles. Quería lograr que se cambiaran las leyes que discriminaban en contra de los grupos minoritarios, como los mexicanos-americanos, los afro-americanos y las mujeres. Había sufrido discriminación toda la vida. Ahora que era abogado podría contribuir a combatirla. Trabajaba para el Fondo para la Defensa Legal de la Asociación Nacional para el Avance de las Personas de Color (National Association for the Advancement of Colored People (NAACP) Legal Defense Fund) que es un grupo que protege los derechos de los afro-americanos. Un día varios abogados de Texas visitaron la oficina. Querían iniciar un grupo que protegiera los derechos de los mexicanos-americanos. Martínez se interesó en seguida en ayudar a la formación del grupo. El Fondo para la Defensa Legal y la Educación de los Mexicanos-Americanos (Mexican-American Legal Defense and Educational Fund, MALDEF) jugaría un papel importante en su futuro.

Even though Martinez helped with MALDEF from its birth in 1968, she continued in her job with the NAACP Legal Defense Fund, and later worked for the New York State Division of Human Rights. From 1971 to 1973, she worked as a trial lawyer for a law firm in New York City. By now, Martinez was accepted for her abilities. Finally, she did not have to listen to the words, "You're very bright—for a Mexican." However, she still faced discrimination as a woman. When she appeared in court with her law partner, she often was mistaken for his secretary. Once, to celebrate winning an important case, the law firm held a party at a private men's club. Women were only allowed to enter through the back door. Martinez refused to go to the party.

Aun cuando Vilma Martínez colaboró con MALDEF desde sus comienzos en 1968, continuó con su trabajo con el fondo para la defensa legal de NAACP y, más tarde, trabajó para la División de derechos humanos del estado de Nueva York. Desde 1971 hasta 1973, trabajó como abogado en los tribunales con una firma de abogados en la ciudad de Nueva York. Por fin ya no necesitaba oír decir, "Usted es muy inteligente—a pesar de ser mexicana." Sin embargo, todavía sufría discriminación como mujer. Muchas veces, en los tribunales, creían que era la secretaria y no la colega de otro abogado de su firma. En una ocasión, para celebrar el triunfo de un caso importante, la firma para la cual trabajaba dio una fiesta en un club privado de hombres. Las mujeres sólo podían entrar por la puerta de atrás. Vilma Martínez se negó a asistir a la fiesta.

When the position as chief lawyer of MALDEF became available, Martinez told the MALDEF board of directors that she was the best person for the job. She said, "MALDEF needs a hotshot trial lawyer like me to build it into a first-rate civil rights law firm."

Vilma Martinez turned out to be good at winning important law cases, and she became good at raising money, too. She got large businesses to give money to MALDEF. Martinez knew that people across the country had much to learn about the unfair treatment that Mexican-Americans were receiving. The schooling that Mexican-American children were getting was not as good as that of other children. Many Mexican-Americans were treated unfairly when they applied for jobs. In some states, Mexican-Americans were being prevented from voting, a right that is promised to every citizen.

Cuando la posición de abogado principal de MALDEF quedó vacante, Martínez le dijo a la mesa directiva que ella era la mejor persona disponible para ocupar el cargo. Les dijo, "MALDEF necesita un abogado con experiencia en los tribunales tan enérgico como yo para transformarla en una firma legal, especializada en derechos civiles, de primera clase."

Vilma Martínez demostró ser capaz de ganar importantes casos legales. Y se volvió muy eficiente en recaudar dinero, también. Consiguió que muchas empresas grandes donaran dinero a MALDEF. Vilma Martínez sabía que la gente de todo el país tenía mucho que aprender sobre el tratamiento injusto que los mexicanos-americanos experimentaban. La educación que recibían los niños mexicanos-americanos no era tan buena como la de los demás niños. A muchos mexicanos-americanos se les trataba injustamente cuando hacían aplicaciones de trabajo. En algunos estados, a los mexicanos-americanos se les impedía votar, lo cual es un derecho de todos los ciudadanos.

Under Martinez, MALDEF grew to be the most active and successful group working on behalf of Mexican-Americans. MALDEF worked for new laws that protected the rights of Mexican-Americans. One important new law was the Voting Rights Act of 1975. When it was first introduced in Congress, its wording did not include Mexican-Americans. Martinez, along with Al Perez, MALDEF's Washington director, and others, spoke to members of Congress. Finally, Congress voted to include Mexican-Americans under the law that protects the voting rights of all citizens.

Also under Martinez, MALDEF lawyers such as Joaquin Avila and Jose Garza helped change the laws about voting materials such as ballots. Many Mexican-Americans are United States citizens but do not read English. They cannot take part in government if voting materials are printed only in English. Martinez and MALDEF helped bring about new laws that required certain states to print voting materials in both Spanish and English.

Bajo Martínez MALDEF llegó a ser el grupo que trabajaba con más éxito por los mexicanos-americanos. MALDEF trabajó para obtener nuevas leyes que protegieran los derechos de los mexicanos-americanos. Una nueva ley muy importante fue el Acta de Derecho al Voto de 1975. Cuando fue presentada por primera vez al Congreso, el Acta en sus palabras no incluía a los mexicanos-americanos. Martínez junto con Al Pérez, el director de MALDEF en Washington, y otras personas, hablaron a los miembros del Congreso. Finalmente, el Congreso votó a favor de incluir a los mexicanos-americanos bajo la ley que protege el derecho al voto de todos los ciudadanos.

También bajo la dirección de Vilma Martínez, abogados de MALDEF como Joaquín Ávila y José Garza ayudaron a cambiar las leyes sobre los materiales electorales, como las cédulas electorales. Muchos mexicanos-americanos son ciudadanos de los Estados Unidos, pero no saben leer inglés. No pueden participar en la elección de los gobernantes si los materiales electorales están impresos sólo en englés. Vilma Martínez y MALDEF han ayudado a que se creen nuevas leyes que exigen que ciertos estados impriman los materiales electorales tanto en español como en inglés.

Martinez became known as someone who could bring about changes and get things done. She began to spend more and more time on airplanes, flying between the MALDEF office in San Francisco, California; her home in Los Angeles; and various state capitals. Powerful people in government began to recognize her and call on her for help. President Jimmy Carter asked her to join the committee that chooses ambassadors to represent the United States to other countries. She served on a committee to choose judges for the California courts. The governor of California chose her to be part of the governing board of the University of California. She was head of that board from 1984 to 1986.

Vilma Martínez se hizo conocer como alguien que podía conseguir cambios y llevar cosas a cabo. Ella empezó a pasar más y más tiempo en aviones, volando entre la oficina de MALDEF en San Francisco, California, su hogar en Los Ángeles y las capitales de varios estados. Personalidades del gobierno empezaron a reconocerla y a solicitar su ayuda. El presidente Jimmy Carter le pidió que participara en el comité que elige a los embajadores que representan a los Estados Unidos en otros países. Perteneció a un comité para elegir a los jueces para las cortes de California. El gobernador de California la eligió para que fuera miembro de la mesa de gobierno de la Universidad de California. Ella presidió esa mesa desde 1984 a 1986.

Martinez began to collect high honors and awards for her work in public service and law. Both the University of Texas and Columbia Law School gave her their highest awards. She also received honorary degrees and awards from many other colleges, foundations, and professional groups.

Also for President Carter, Martinez headed a task force that made sure that Mexican-Americans were properly counted in the 1980 census. Martinez knew that hundreds of thousands of Mexican-Americans had been missed in the 1970 census. Because of Martinez's work, new voter districts were created in Mexican-American communities. The new districts could each elect a representative, so these communities gained seats in several state legislatures (lawmaking bodies).

Vilma Martínez empezó a recibir altos honores y premios por su trabajo en el servicio público y en derecho. Tanto la Universidad de Texas como la Facultad de Derecho de la Universidad de Columbia le han dado sus máximos honores. También ha recibido títulos honorarios y reconocimientos de muchas otras universidades, fundaciones y asociaciones profesionales.

Vilma Martínez también dirigió para el presidente Carter una comisión responsable de que los mexicanos-americanos estuvieran debidamente contados en el censo de 1980. Ella sabía que el censo de 1970 no había incluido a cientos de miles de mexicanos-americanos. Gracias al esfuerzo de Vilma Martínez se crearon nuevos distritos electorales en las comunidades mexicanas-americanas. Cada uno de estos nuevos distritos podía elegir un representante y así estas comunidades ganaron sedes en varios cuerpos legislativos estatales.

Many schoolchildren in the United States, including thousands of Mexican-American students, speak only some English or none. When classes are taught only in English, these students often do poorly in school. One of MALDEF's greatest goals was to give these students a fair education. Having bilingual classrooms (classrooms where both English and Spanish are used) is one way to help. Some people believe that all students should be taught only in English. However, Vilma Martinez believes that bilingual education in their first years of schooling is the lawful right of schoolchildren who cannot speak English.

Martinez and MALDEF won a court case on behalf of children who were raised speaking Spanish. The decision meant that these children have a right, by law, to be taught in both English and Spanish. Then MALDEF continued its work by helping make sure the new law was followed by each school district.

Muchos niños de edad escolar en los Estados Unidos, incluyendo miles de alumnos mexicanos-americanos, no saben hablar inglés o hablan muy poco inglés. Si las clases se enseñan sólo en inglés, muchas veces a estos alumnos les va muy mal en la escuela. Una de las principales metas de MALDEF ha sido que a estos estudiantes se les dé una buena instrucción. La clases bilingües, en las que se usa inglés y español, contribuyen a conseguirlo. Algunas personas piensan que a todos los estudiantes se les debería enseñar sólo en inglés. Sin embargo, Vilma Martínez cree que la educación bilingüe en los primeros años en que un estudiante está en la escuela es un derecho legal de los alumnos que no hablan inglés.

Vilma Martínez y MALDEF ganaron en las cortes el caso a favor de niños que han crecido hablando español. La decisión significa que estos niños tienen el derecho, garantizado por la ley, de que se les enseñe usando tanto el inglés como el español. Luego MALDEF continuó trabajando para asegurarse de que todos los distritos escolares cumplieran esa nueva ley.

In 1982, Vilma Martinez stepped down as head of MALDEF and returned to the private practice of law in Los Angeles. She now works with a large law firm handling business cases. She has continued her work with the University of California and in other areas of education. She and her husband, lawyer Stuart Singer, have two sons, Carlos and Ricardo.

Vilma Martinez is soft-spoken (she never shouts) and has the determination to stick to her goals until she achieves them. About herself, she says, "I am successful because I have the confidence, courage, and willingness to work hard for what I want. This was taught to me by my family and by my culture."

En 1982, Vilma Martínez dejó el puesto de directora de MALDEF y regresó al ejercicio del derecho como abogado privado, en Los Ángeles. Ahora trabaja con una gran firma de abogados que se ocupan de casos de negocios. Ha continuado su trabajo con la Universidad de California y en otras áreas educativas. Ella y su esposo, el abogado Stuart Singer, tíenen dos hijos llamados Carlos y Ricardo.

Vilma Martínez habla suavemente (nunca grita) y tiene la determinación necesaria para mantenerse fiel a sus metas hasta que las obtiene. Hablando sobre sí misma dice, "He tenido éxito porque tengo la confianza en mí misma, el valor y la voluntad para esforzarme por lo que quiero. Esto me lo enseñaron mi familia y mi cultura."

Martinez continues her work to improve public education. She believes that many public schools are not doing their jobs well. Martinez helped start a group called the Achievement Council, which works with schools in minority and poor areas to prepare students for college-level work.

Mexican-American children have been told too often that they will not be successful. Vilma Martinez knows this must change in order for them to grow up and have a happy, productive life. "All students need to be able to finish school with the knowledge that if they work hard and do well, they will be rewarded," she says. Vilma Martinez's dream is for youngsters—all youngsters—to become people who can make a contribution to society.

Vilma Martínez continúa sus esfuerzos para mejorar la instrucción pública. Cree que muchas escuelas públicas no cumplen bien su objectivo. Vilma Martínez ha ayudado a fundar un grupo que se llama Consejo de Mérito (Achievement Council), que tarabaja con escuelas que están en las áreas pobres o de grupos minoritarios para preparar a los estudiantes para poder ir a la universidad.

A los niños mexicanos-americanos se les ha dicho demasiado que no van a poder sobresalir. Vilma Martínez sabe que esto tiene que cambiar para que puedan crecer y tener vidas felices y productivas. "Todos los estudiantes deben poder terminar la escuela sabiendo que si trabajan mucho y actúan bien, van a tener una recompensa," dice ella. El sueño de Vilma Martínez es que los jóvenes—todos los jóvenes—se conviertan, al crecer, en personas que contribuyan al bien de la sociedad.

GLOSSARY

ballot voting paper on which each voter marks his or her vote; it lists the people who are running for office

bilingual written or taught in two languages, such as both English and Spanish

census a count of all people living in the United States, which is taken every ten years

civil rights the rights promised by the highest laws of the land to all people who live in the United States

discrimination the act of treating some people differently because of their culture, race, age, sex, or other reason

minority groups people such as women, African-Americans, or Mexican-Americans who make up only a part of all the people in a country

public education schooling that is free to all children in the United States

GLOSARIO

bilingüe escrito o enseñado en dos idiomas, por ejemplo en inglés y español

cédula electoral papel para votar, en el cuál cada persona que vota escribe su voto; contiene la lista de todos los candidatos electorales

censo cuenta de todas las personas que viven en los Estados Unidos, se toma cada diez años

derechos civiles los derechos que las leyes supremas del país prometen a todas las personas que viven en los Estados Unidos

discriminación la acción de tratar de modo diferente a algunas personas a causa de su cultura, raza, edad, género u otra razón

grupos minoritarios minorías; personas como, por ejemplo, las mujeres, los afro-americanos, los mexicanos-americanos que constituyen sólo un porcentaje de la población de un país

instrucción pública educación pública, instrucción ofrecida en escuelas gratuitas a todos los niños de los Estados Unidos